中国漫画馆

血与心

日籍解放军战士
砂原惠的传奇人生

李昀 著

新星出版社　NEW STAR PRESS

图书在版编目（CIP）数据

血与心：日籍解放军战士砂原惠的传奇人生/李昀著. -- 北京：新星出版社，2019.10
ISBN 978-7-5133-3766-3

Ⅰ.①血… Ⅱ.①李… Ⅲ.①砂原惠－传记 Ⅳ.①K833.135.38

中国版本图书馆 CIP 数据核字（2019）第 219756 号

血与心：日籍解放军战士砂原惠的传奇人生

李昀　著

中国漫画馆

选题策划：王众一
责任编辑：孙志鹏
特约编辑：丁　宁
责任印制：李珊珊

出版发行：新星出版社
出 版 人：马汝军
社　　址：北京市西城区车公庄大街丙3号楼　　100044
网　　址：www.newstarpress.com
电　　话：010-88310888
传　　真：010-65270449
法律顾问：北京市岳成律师事务所

读者服务：010-88310811　　service@newstarpress.com
邮购地址：北京市西城区车公庄大街丙3号楼　　100044

印　　刷：北京美图印务有限公司
开　　本：889mm×1194mm　　1/16
印　　张：17
版　　次：2019年10月第一版　2019年10月第一次印刷
书　　号：ISBN 978-7-5133-3766-3
定　　价：119.00元

版权专有，侵权必究；如有质量问题，请与印刷厂联系调换。

作者感谢以下各位对本书的支持和付出:

顾问:刘德有

策划:王众一

上色/背景助理:赵乐音、董儒蔚、李木木、张雅婷

历史资料搜集协助:林德钊、宋毅炜

联络统筹:王 焱

以及每一位为创作、出版此书付出心力的朋友

特别感谢:

中国国际友人研究会在采访和历史资料方面提供的帮助

剪纸艺术家滕玉懿老师的后人提供的剪纸素材

序

  中国漫画馆是由中国外文局支持、人民中国杂志社负责实施的重要创新项目，探索用动漫元素向世界讲好中国故事。两年间，译制了多部中国优秀原创漫画和动画作品的日文版，在人民中国微信公众号和推特上连载，吸引了大量日本年轻读者。此外，也尝试与国内漫画家合作，自主策划创作既符合当今中国对外传播的需要，又具备一定市场价值的漫画作品。

  为庆祝新中国成立70周年，由人民中国杂志社总编辑王众一主持策划、《人民中国》签约青年漫画家李昀历时一年精心创作的《血与心：日籍解放军战士砂原惠的传奇人生》漫画，由人民中国杂志社和新星出版社于新中国70周年国庆之际联合出版。

  《血与心：日籍解放军战士砂原惠的传奇人生》以《人民中国》曾报道过的亲历新中国成立的日籍解放军砂原惠的传奇故事为创作原型。在中国国际友人研究会的多方支持下，创作团队完成了对砂原惠先生本人的深入采访。文化部原副部长刘德有对书稿内容给予重要指导。本作品是向为中国人民解放事业牺牲、奉献的革命军人，向中华人民共和国70年华诞献上的一份独特的礼物，也是《人民中国》创新形式、讲好中国故事的一次尝试。本作品将从2019年11月起在《人民中国》上连载。今后，中国漫画馆还将适时推出更多原创作品，充分利用动漫元素，向世界展现丰富多彩的中国。

陈文戈

人民中国杂志社社长

目 录

序章…………………………………………… 1
第一章·童言…………………………………… 10
第二章·预感…………………………………… 24
第三章·山倾…………………………………… 39
第四章·颠沛…………………………………… 58
第五章·寄身…………………………………… 71
第六章·血汗…………………………………… 86
第七章·土地…………………………………… 99
第八章·择木…………………………………… 114
第九章·决意…………………………………… 133
第十章·光荣…………………………………… 149
第十一章·质问………………………………… 166
第十二章·流离………………………………… 178
第十三章·青空………………………………… 190
第十四章·失所………………………………… 209
第十五章·落定………………………………… 223

跨越时空的传奇与感动
——漫画创作谈（代后记）…………………… 251

* 作品中用方形对话框和圆形对话框用来表示角色所操的不同语言。
方形对话框及普通字体表示角色讲的是日文，圆形对话框及加粗字体表示角色讲的是中文。
每个角色的对话，采用不同的字体颜色以示区分。

序章

2018年12月中旬·北京

So，今天的采访对象……

就是你说的"日籍解放军"？

没错。

快点快点，要迟到了！

No！我今天穿的不能跑太快啦！

作为我的"非虚构视觉小说"的第一次尝试，

他的故事难度可能会太大了点……

会有很多战争场面吧？

你擅长的是幻想题材吧？

会不会hold不住这个case啊？

啊，到了到了！

吓！

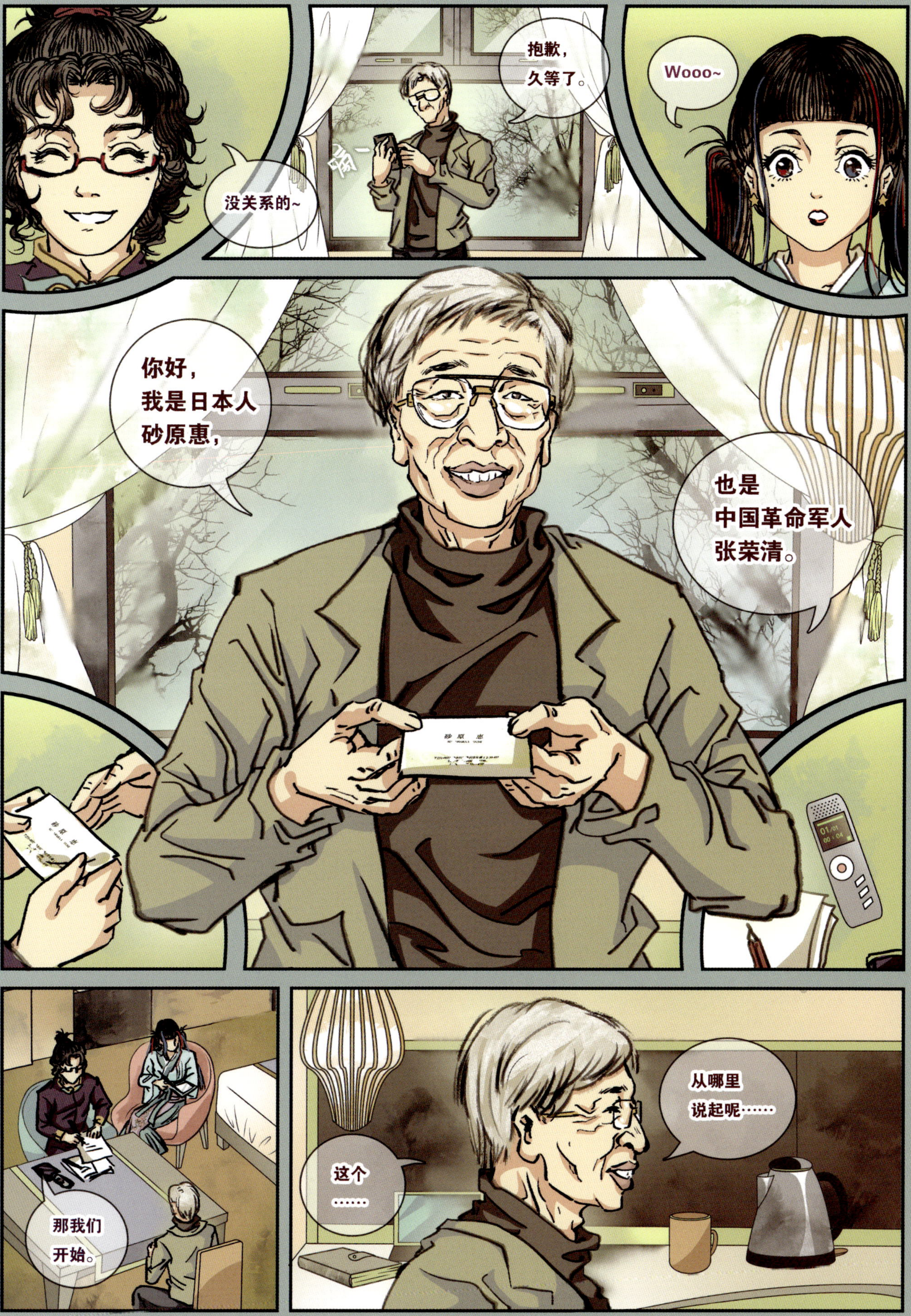

第一章・童言

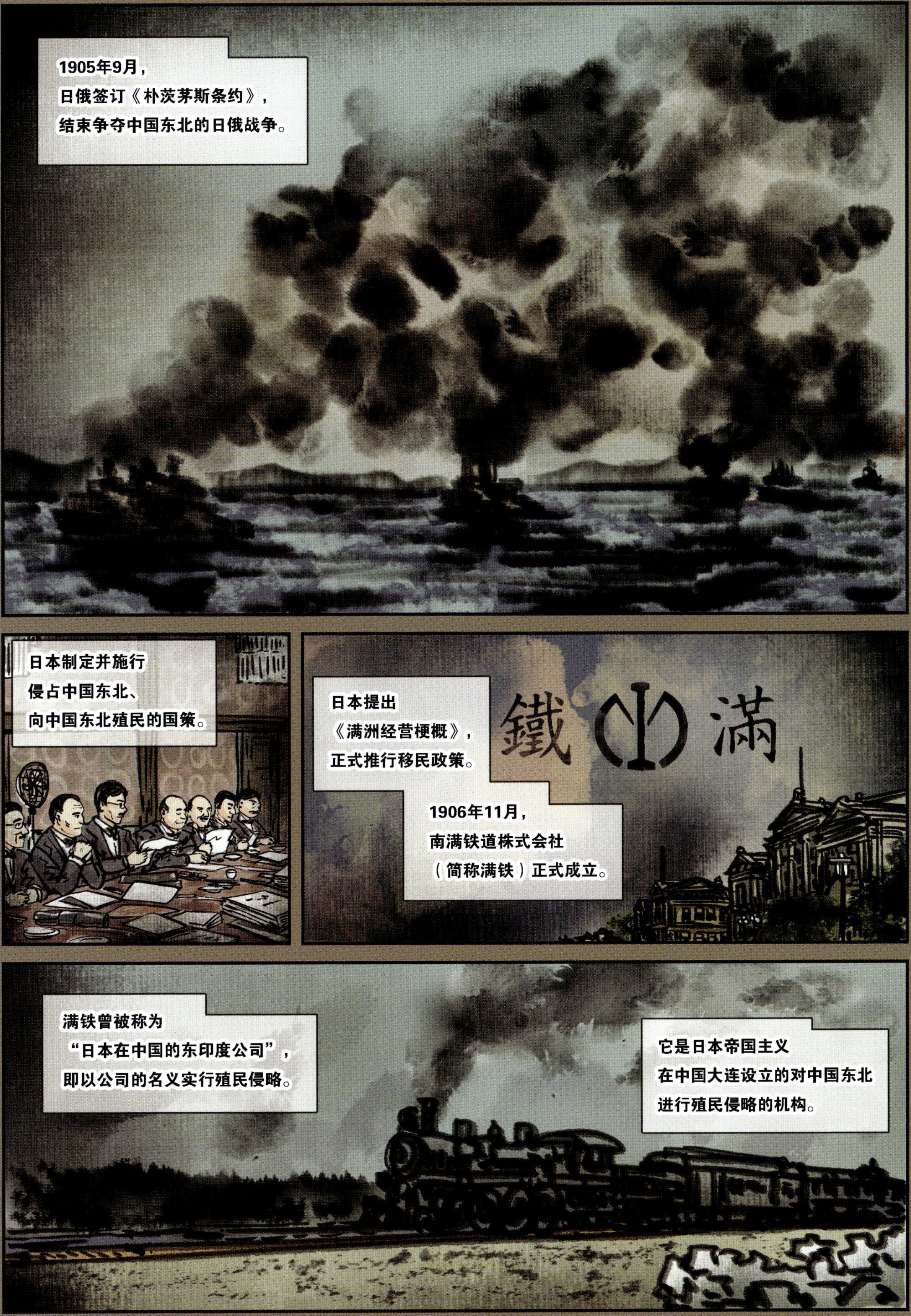

1905年9月，日俄签订《朴茨茅斯条约》，结束争夺中国东北的日俄战争。

日本制定并施行侵占中国东北、向中国东北殖民的国策。

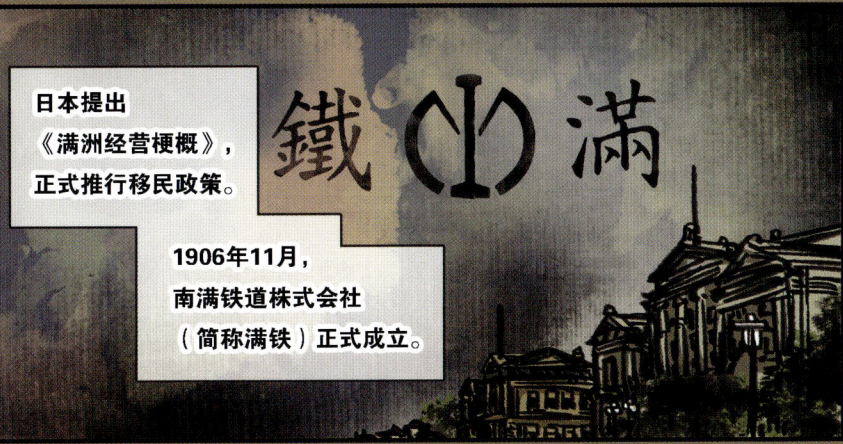

日本提出《满洲经营梗概》，正式推行移民政策。

1906年11月，南满铁道株式会社（简称满铁）正式成立。

满铁曾被称为"日本在中国的东印度公司"，即以公司的名义实行殖民侵略。

它是日本帝国主义在中国大连设立的对中国东北进行殖民侵略的机构。

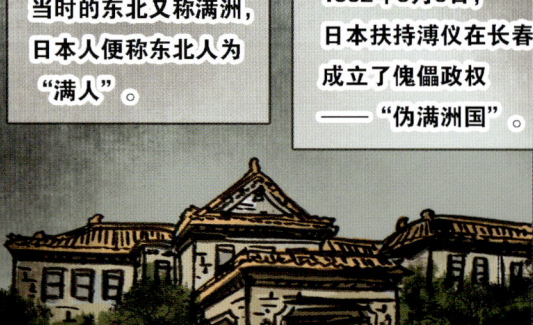

1919年4月，为了确保铁路沿线的侵略利益，日本将派驻守护满铁的关东都督府升级为"关东军司令部"。

1928年6月，关东军制造皇姑屯事件，炸死东北王·张作霖。

1931年9月18日，关东军发动"九一八事变"，是日本军国主义长达十四年侵华战争的开始。

东北抗日联军发起艰苦卓绝的抵抗，拉开了世界反法西斯战争在远东的序幕。

日本媒体将骄横的关东军称为"亚洲第一陆军"、"无敌关东军"。

同一时期，日本国内的儿童受军国主义教育，被培养成军国少年。

"无敌关东军"被灌输成儿童的偶像。

后藤新平
南满洲铁道株式会社首任总裁

惭愧啊，其实我只是靠叔叔的关系，才能在满洲当上军官而已啊！

嘿嘿嘿~

如果可以，我更想悠闲混日子……

而你爸爸是帝都大学地质专业的高材生，阜新的煤矿全靠你爸爸这样的人才，才能拓展宏图，

所以要崇拜你爸爸才对哦！

别这么说，如果不是你帮忙，

老师，这几本书能借走吗？

嗯？

我恐怕也……

我想和他们一起读……

店書波岩
鲁迅選集

17

第二章・预感

1941年12月7日清晨，日本海军的航空母舰舰载飞机和微型潜艇突然偷袭珍珠港等美国陆海军基地。

史称"珍珠港事件"。

1941年12月8日，美国和英国对日本宣战。

富兰克林·D.罗斯福
美国第32任总统

太平洋战争爆发

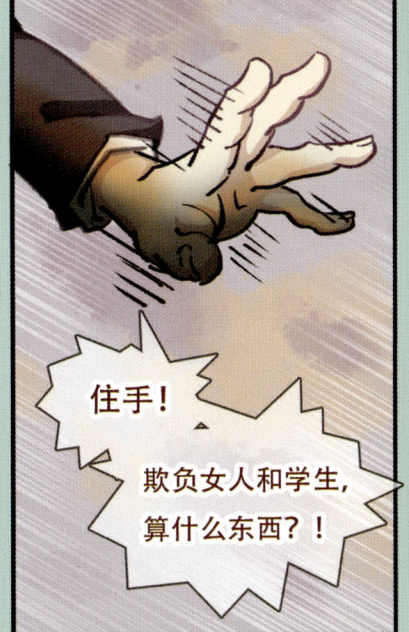

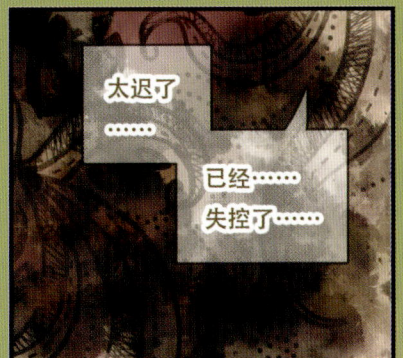

第三章・山倾

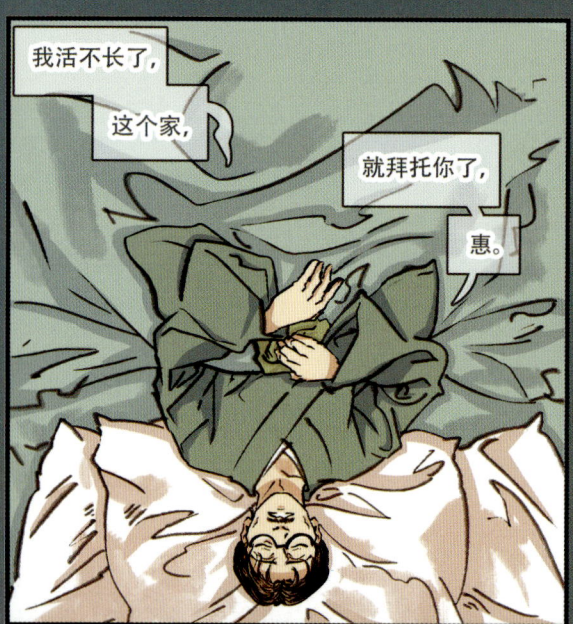

一周之后,父亲去世了。

满铁帮忙安排了葬礼。

父亲因为学生时代,组织过反战活动,被多方排挤,无奈才来到满洲……

那个小心维护家庭的父亲,也有过年少热血、不顾一切的时候吗……

是什么改变了他?我也会改变吗?我不明白……

……果然,

还是没有真实感……

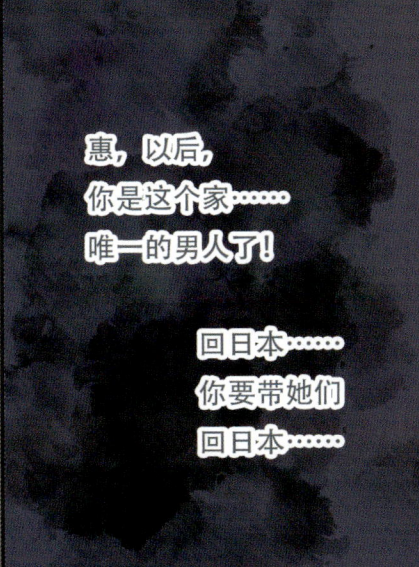

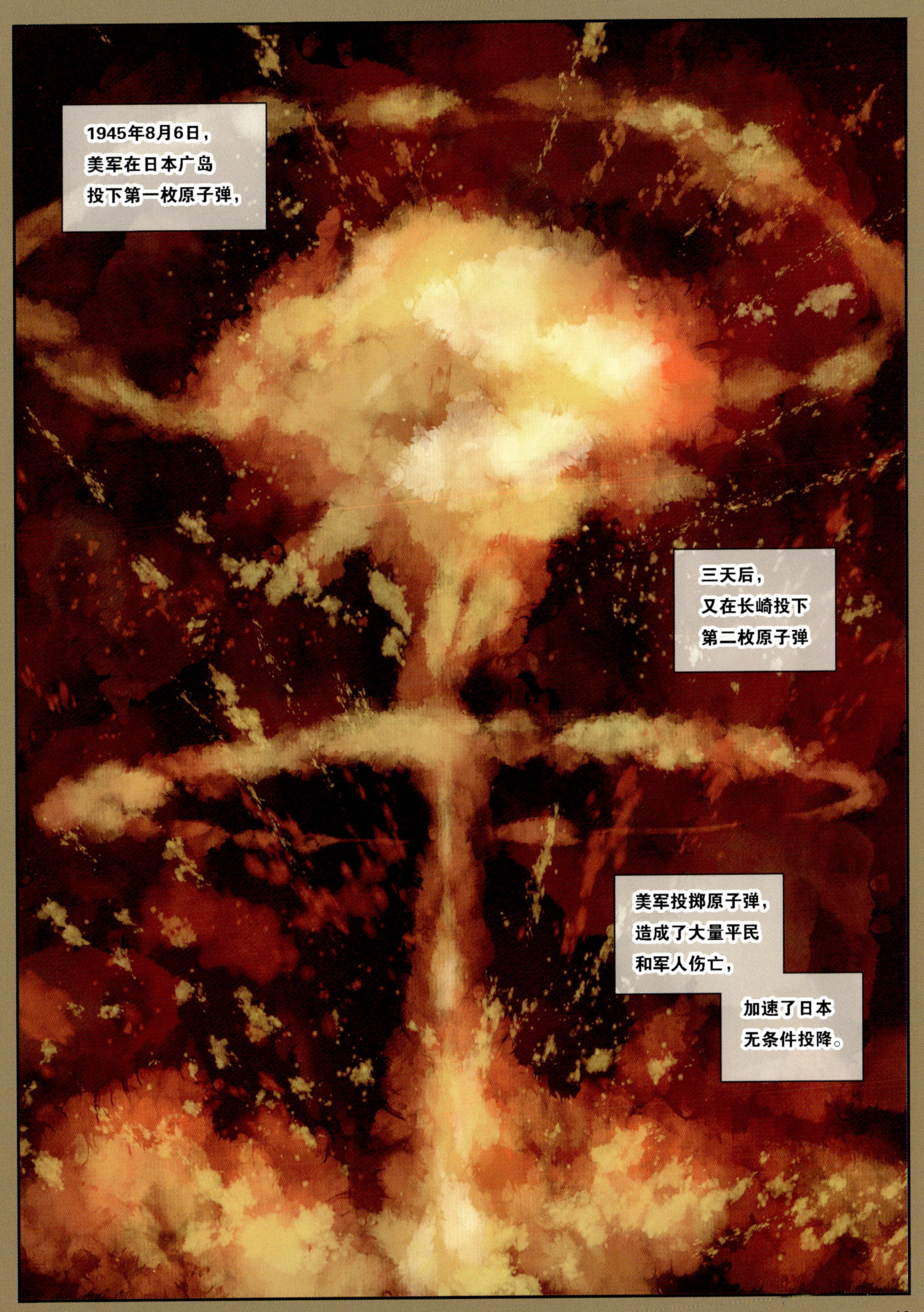

1945年8月9日，苏联向驻守东北之关东军发动全线进攻，

关东军在苏军的强大攻势下防线崩溃。

与此同时，中国的抗日战争也进入大反攻。

终于，中国人民经过十四年艰苦卓绝的抗战，赢得了伟大胜利，

为世界反法西斯战争的最后胜利划上了圆满的句号。

1945年8月15日正午，天皇裕仁通过广播宣布，接受波茨坦公告、宣布无条件投降。

日本战败

50

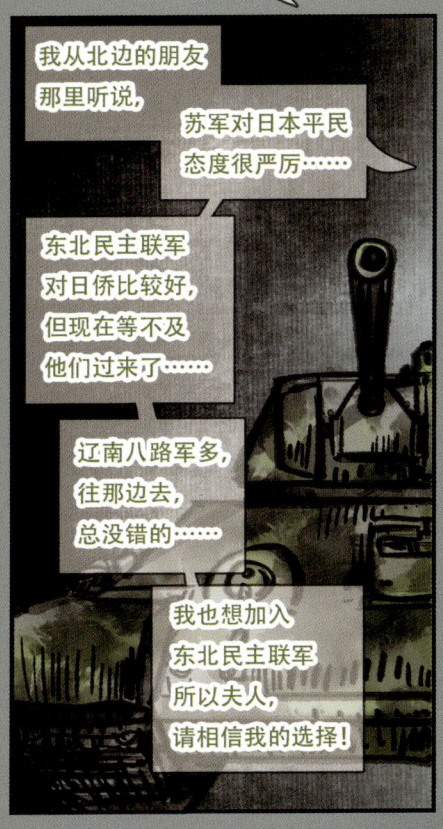

第四章·颠沛

虽然日侨没有被以关东军对待中国人的方式残酷欺压，

但因日侨急于乘船回国导致的内部混乱和后续的难民潮，让他们的境况非常悲惨。

据不完全统计，除去撤离的驻军和满铁员工眷属，在阜新的日本人，

有1642人死亡、3266人失踪，

最终回到日本的，7683人。

与此同时，砂原一家……

来到一个小村子落脚，躲过了阜新的浩劫……

哇！好漂亮！

母亲，您看！这就是中国的农村？

哇！

地主：
有很多土地，
富有，雇有长工，
靠出租土地生活。

富农：
有自己的土地，生活比较富足，
有雇长、短工的现象。

上中农：
生活比较富足，但没有雇工。

中农：
有自己的土地，可以自给自足，但不富裕。

下中农：
有一点土地，靠种地为生，也为别人做短工。

贫农：
没有土地，靠租种地主的土地为生。

雇农：
没有土地，只能靠出卖劳动力生活。

【中农】是什么？

就是那些生活还过得去的农民。

中国农民，分为几个等级……

中国农民也真不容易……

可是，他们会不会去告发我们？

毕竟我们是日本人……

应该不会。不过……

这都是为日本人帮佣时得到的，送您做谢礼吧。

已经收了钱，哪好意思再收你东西……

夫人，真的很抱歉！

为了交涉，我把您家的衣服送给了他们，

还给了他们一些钱……

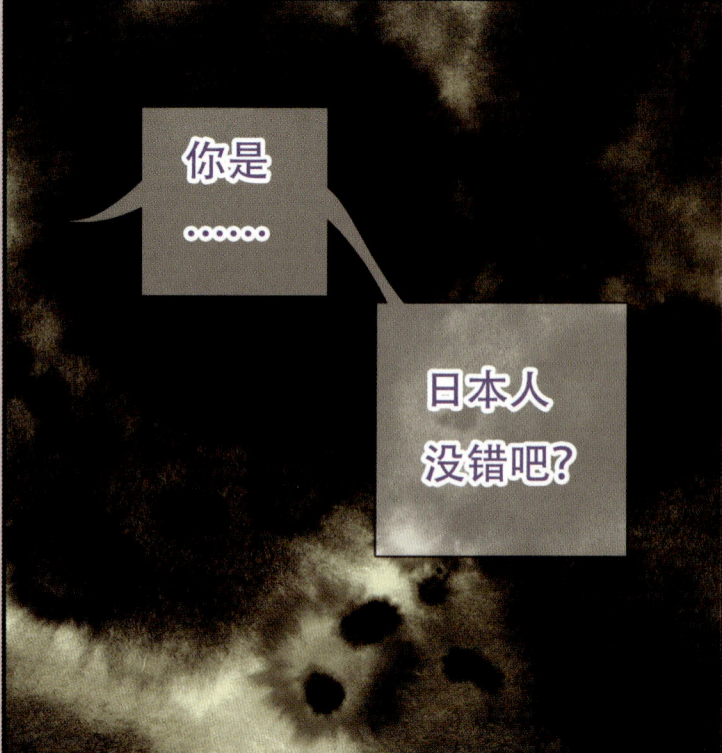

第五章·寄身

1946年春·
北镇县刘台子村

总算干完了……该去放猪了！

狗剩、二嘎、铁柱！

你们来的好早！

三元哥！

你的南方口音咋还那么重啊？

你咋还没学会咱这的话啊？

来，这个给你们。

今天放猪、还要你们多多帮忙！

谢谢！

谢谢三元哥！

太好啦！

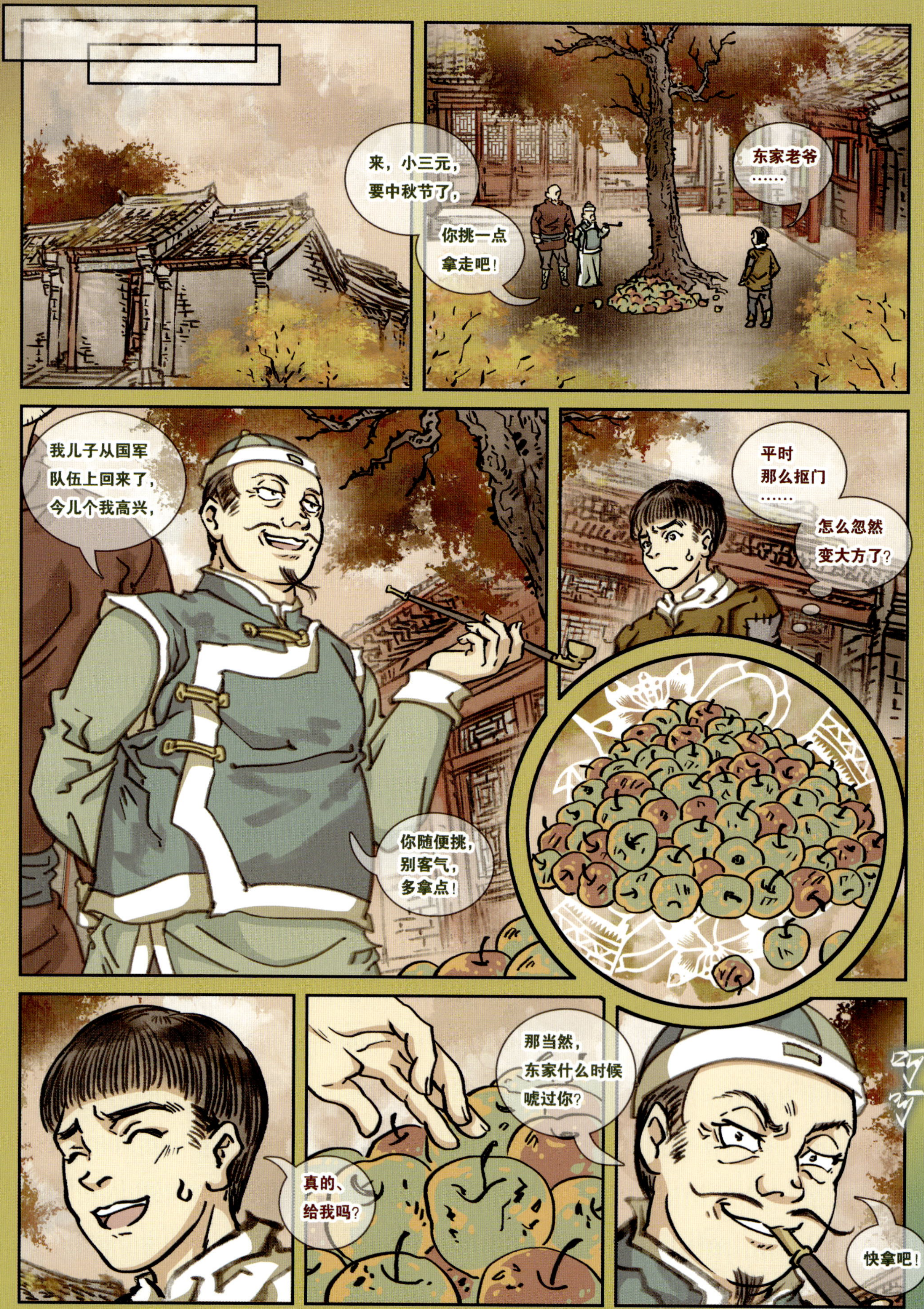

第六章・血汗

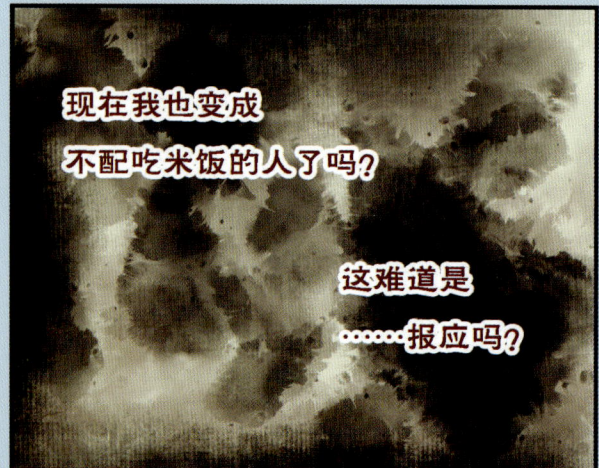

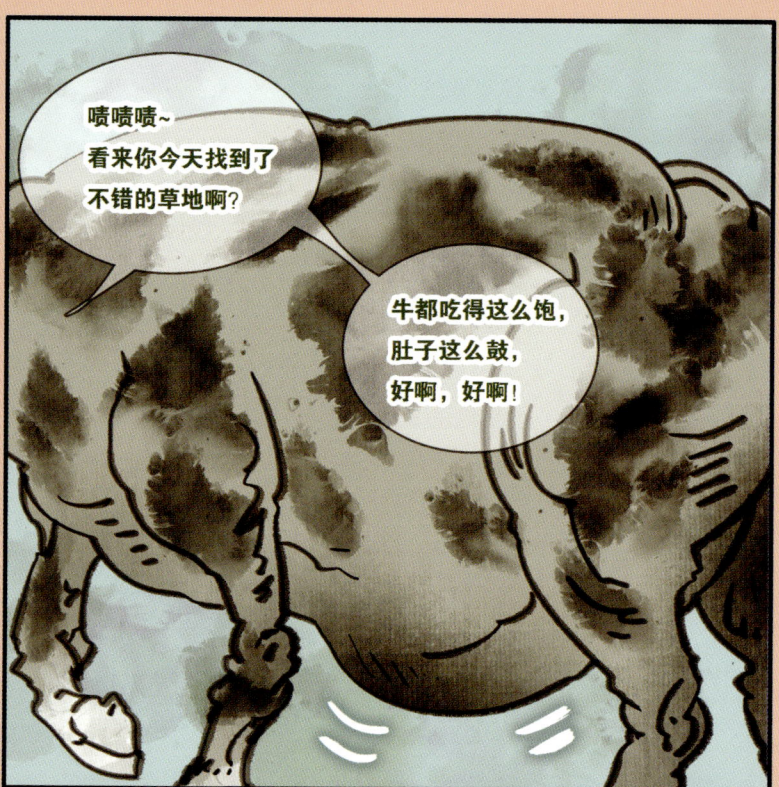

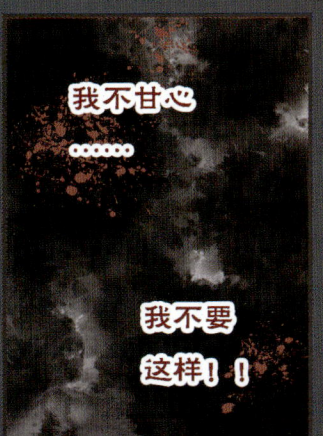

第七章・土地

1947年·夏

在东北地区国共军队展开激战，中国共产党领导的人民解放军士气极高，捷报频传。

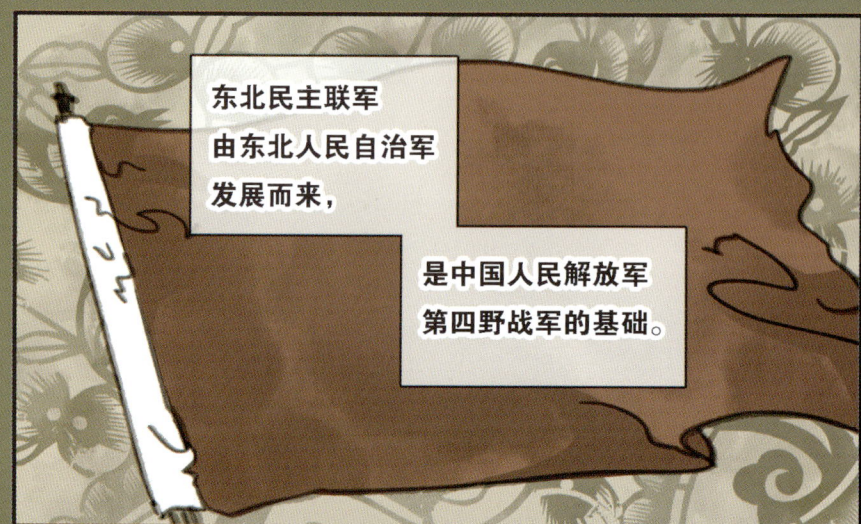

东北民主联军由东北人民自治军发展而来，是中国人民解放军第四野战军的基础。

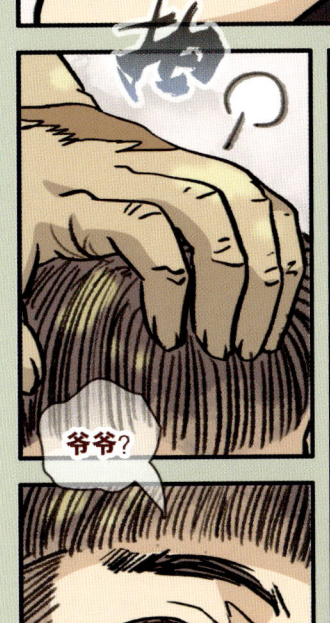

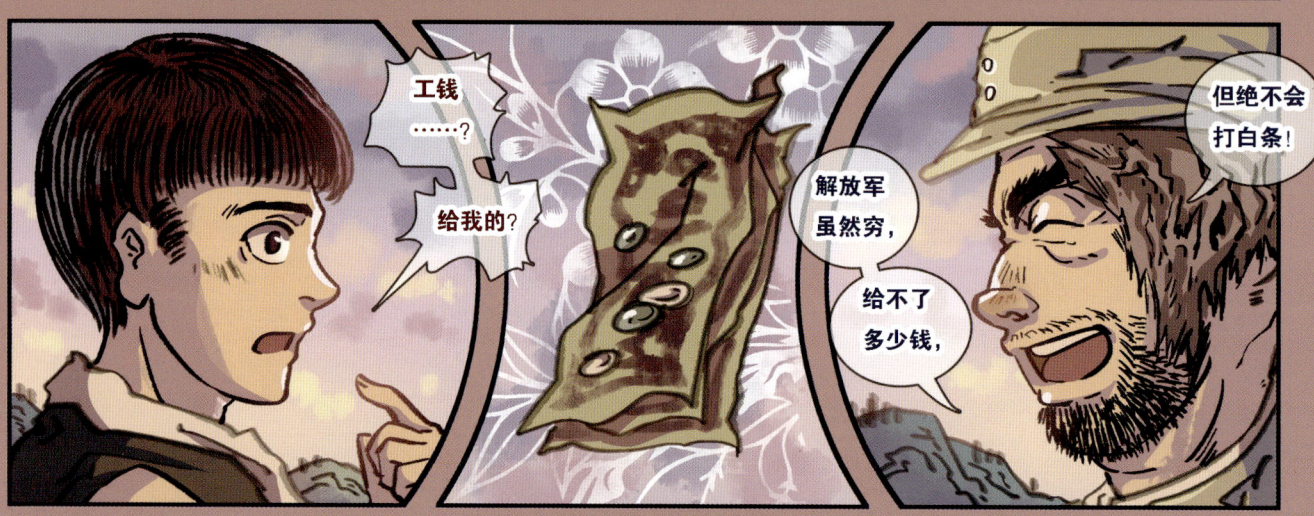

第八章·择木

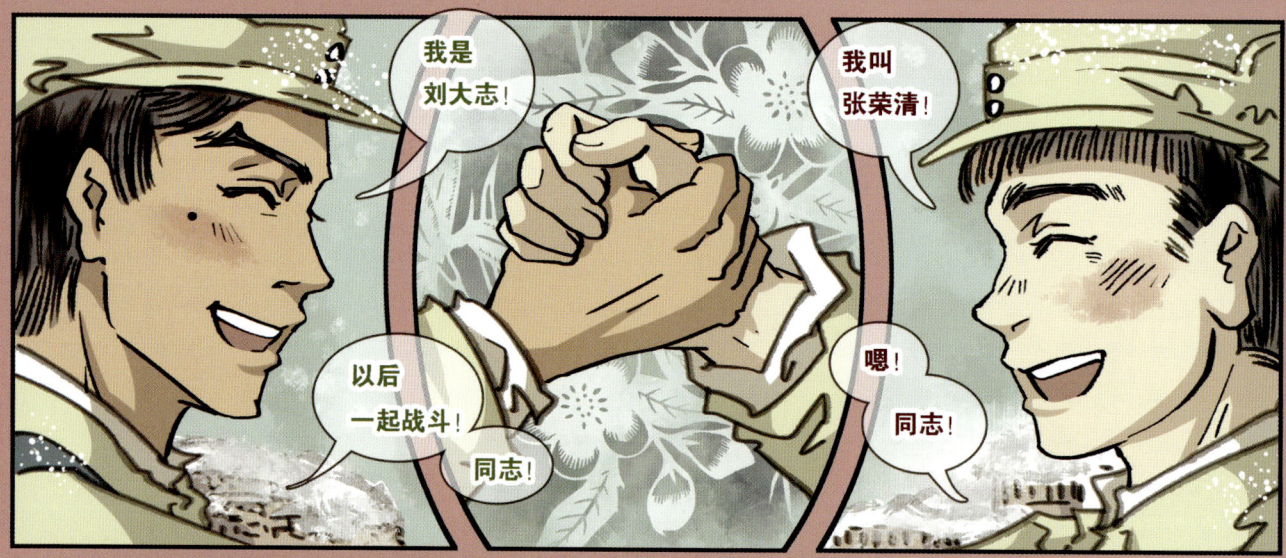

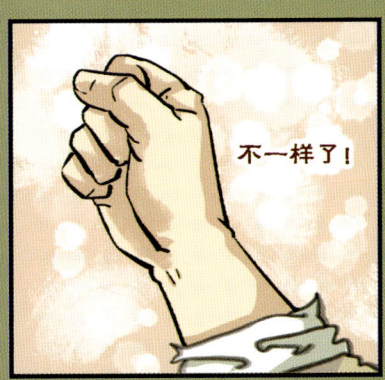

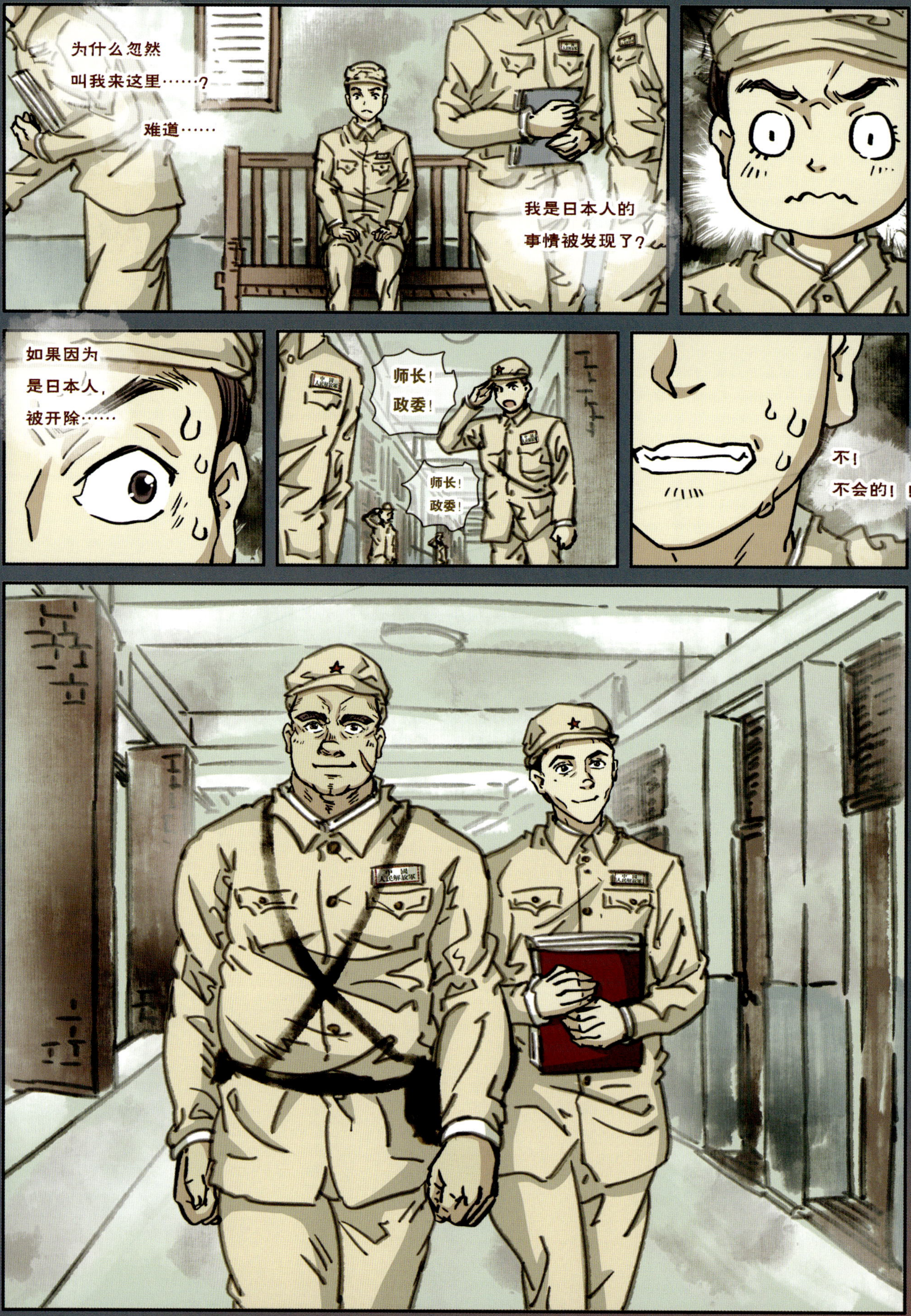

第九章・決意

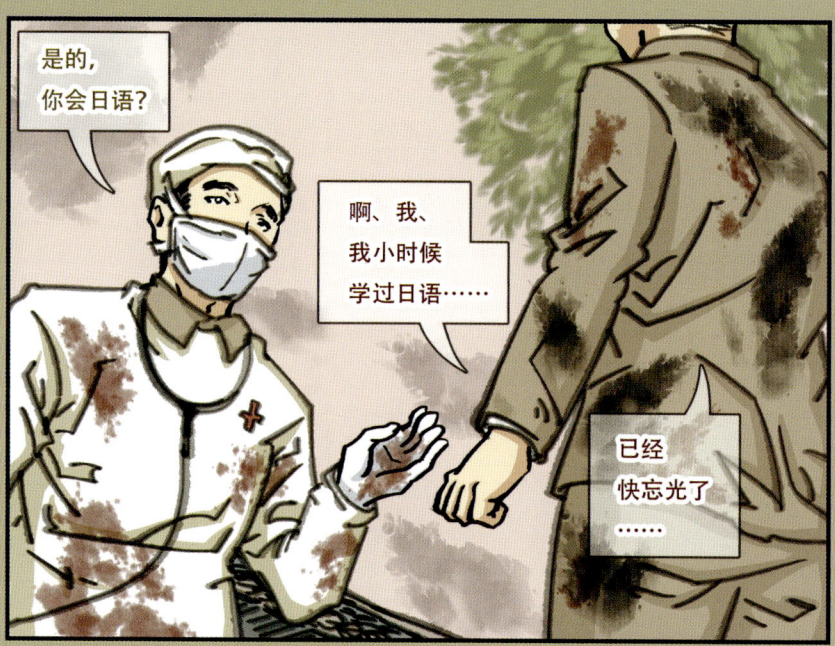

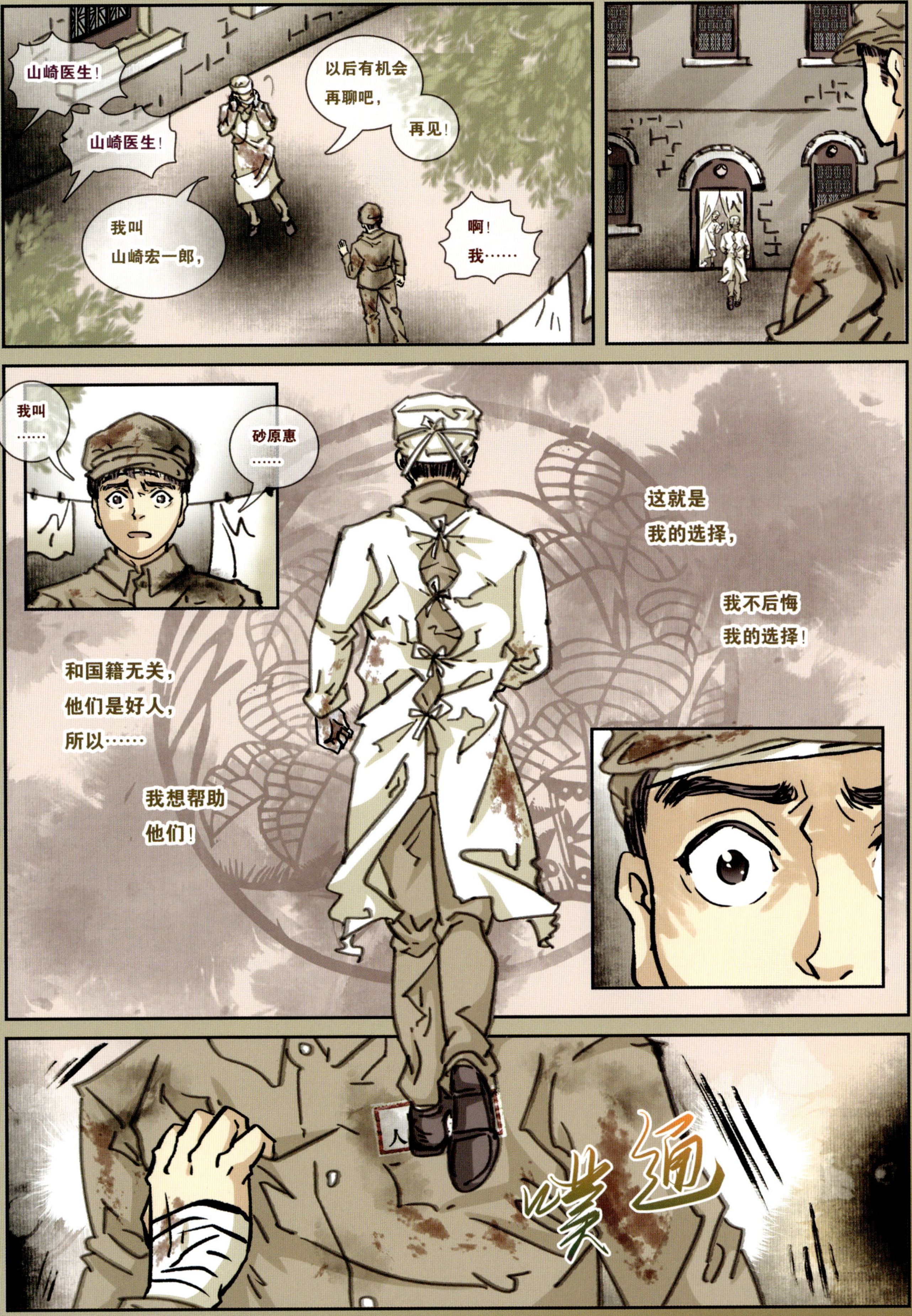

营长伤得太重,最后还是牺牲了……

那之后,因为调职的缘故,我再也没见过山崎医生他们……

不过,没关系,我已经明白了……

我喜欢中国,

我想以一个中国军人的身份,

为这片土地,战斗下去!

第十章 · 光荣

1949年底·锦州

娘、和美、幸惠：
见字如面，
很久没写信给你们了，

很想念你们！
这次我要给你们报喜啦！

经历过平津战役，

我觉得自己作为一个军人，又成熟了许多……

是的是的，

这个好消息也和平津战役有关，

我假扮成卖香烟的小贩深入敌战区侦察，

搜集到了重要的情报…

因此，我受到嘉奖，还拿到了勋章！

我太开心了！这份光荣也属于你们！

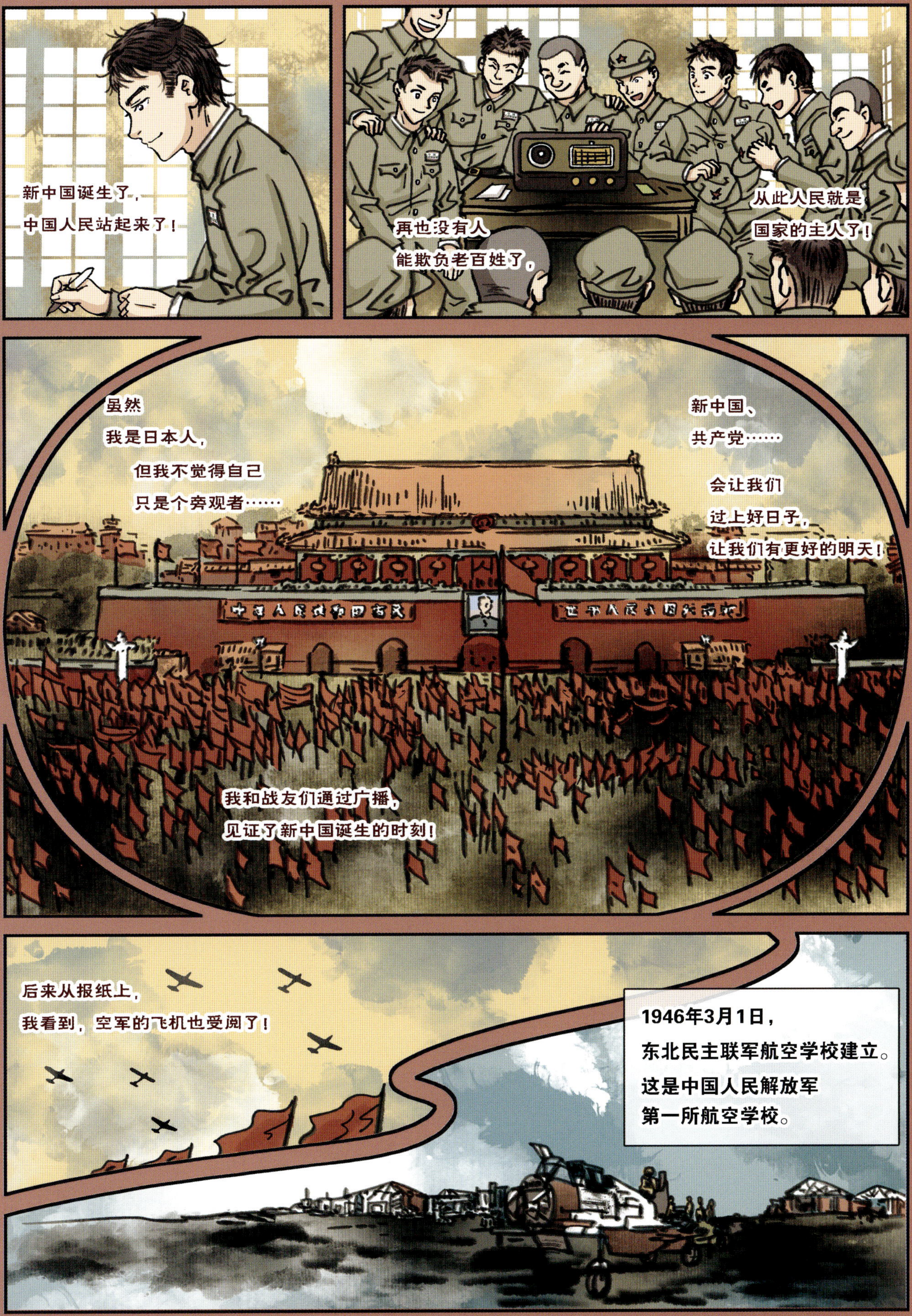

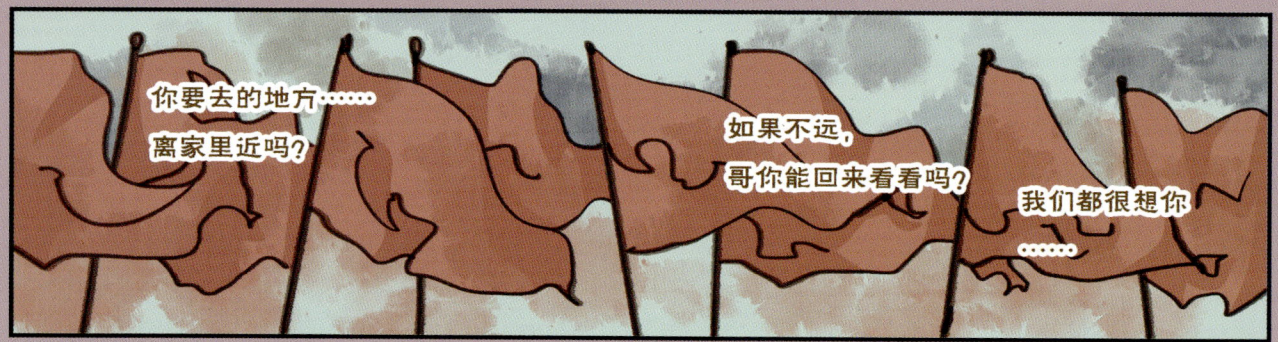

可是现在中日两国没有邦交，

隔着大海，不可能回得去……

而且，我也真的不想走。

我是一名中国解放军。

这里，就是我的容身之所啊！

1950年6月25日 朝鲜战争爆发

1950年10月19日，中国人民志愿军秘密跨过鸭绿江，赴朝参战

不只是为了这已经实现的梦想……

1950年·吉林四平 空八师

更是为了这份光荣！

我是日本人，但是我更是中国军人！

在解放军的帮助下，我实现了梦想，拥有了光荣……

嘿！

现在，我要去帮助其他受苦的人！

我要让这份光荣，更加闪耀！

第十一章·质问

第十二章・流离

一、

一切行动听指挥！

小张……

你放心，组织上不会忘记你的功劳。

你是日本人也没关系，其实。日籍解放军也是很多的。

所以组织要派你到东北的航空学校，去学习一阵子，之后再送你回日本。

现在这场战争，不可以有日本人加入，

会变成国际问题……

所以只好请你离开了。

是……我服从命令……

泪

我也不愿意这样，重伤在后方医院的师长也舍不得你……

但是……命令就是命令。

小张！

就算有一天你脱下了军装……

不管你在什么地方、什么样的战场，

都一定会胜利！

一切都那么熟悉……

直到昨天，我还是这里的一部分，

而今天，只有我要离开了，

只有我，

只有我成了孤雁……

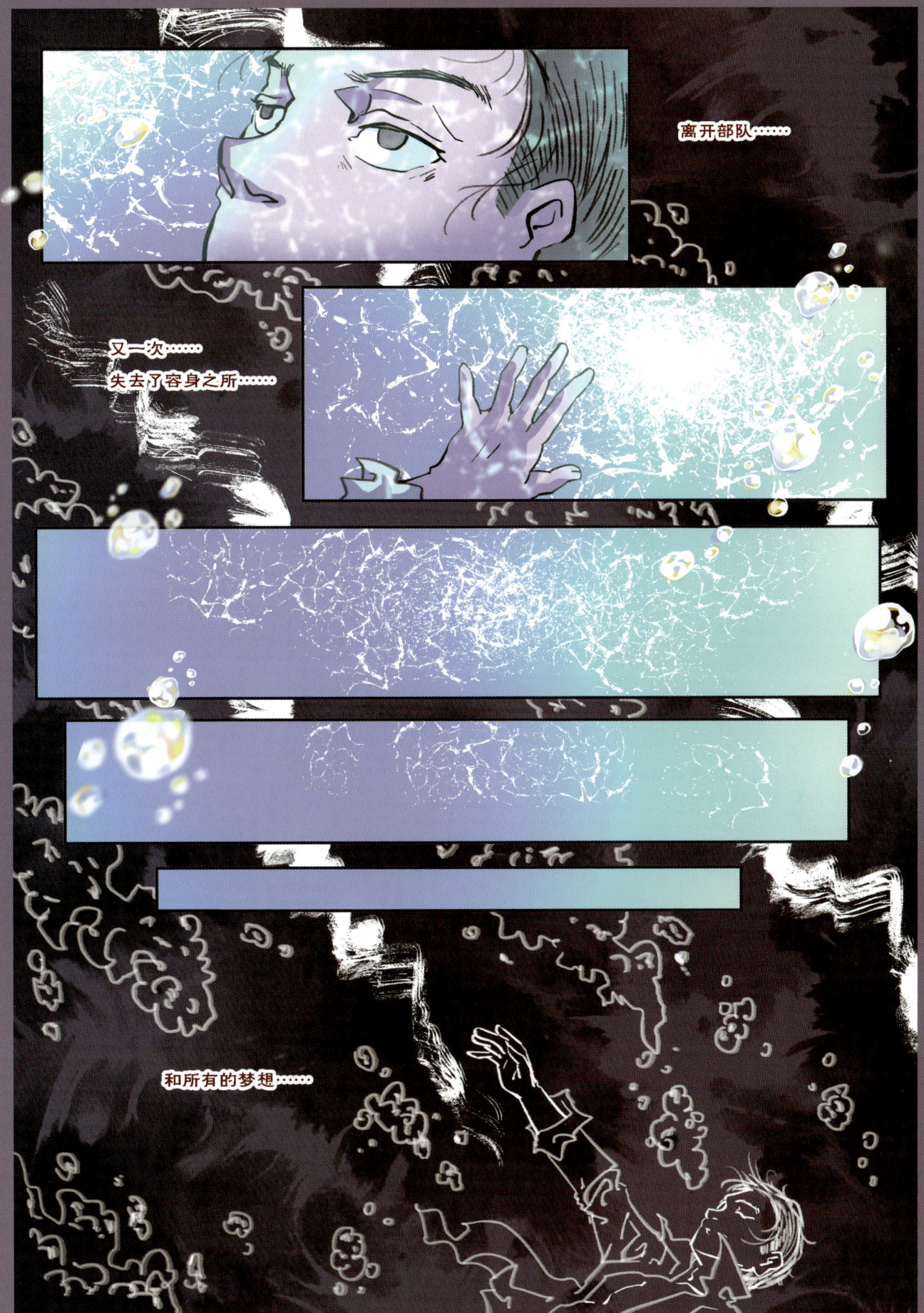

第十三章・青空

1953年·牡丹江
解放军航空学校

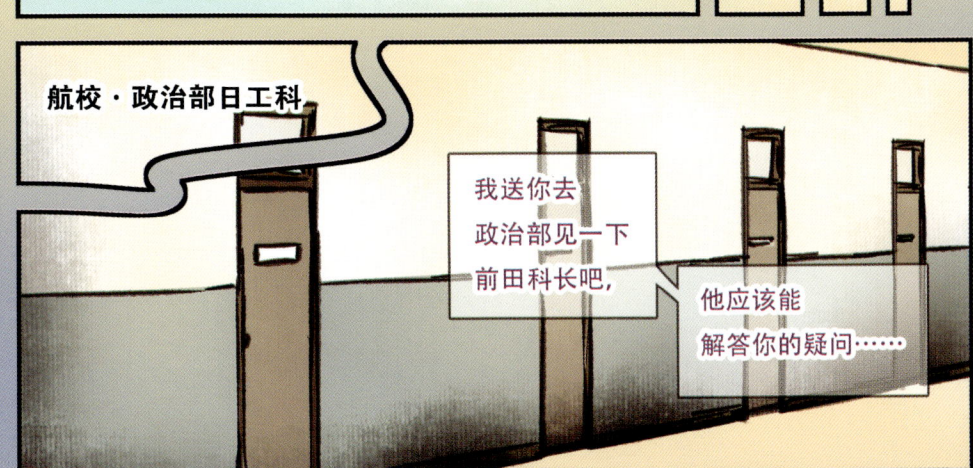

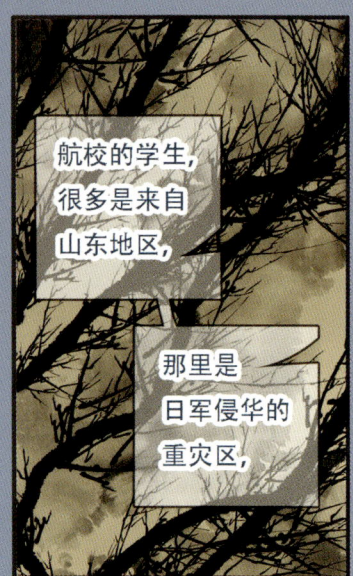

今年是1952年,预计在十月……

政治部的学习就会结束……

……

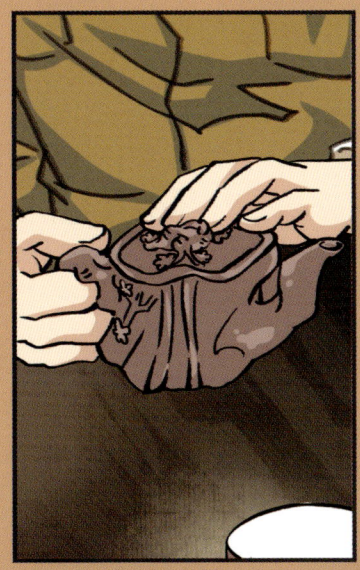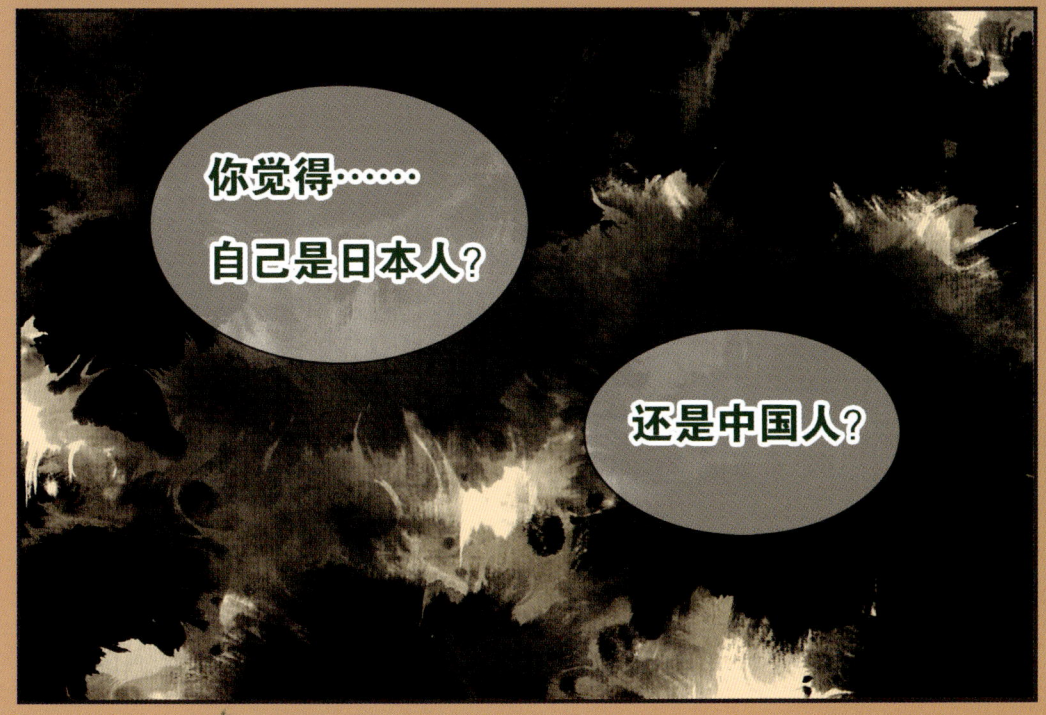

1953年秋，我正式退役了。

1954年，我被分配到北京 在第一机械工业部电器管理局工作。

为了协助日本的高级技工在中国考察矿产，

更为了多看看中国的大好河山……

我来到了四川宜宾……

朝鲜战争停战后……

滞留中国的约3万日本人开始陆续回国……

其他人，都是开心地回国、回家……

而我，回日本……

反而觉得……

是离开了自己的祖国啊……

第十四章・失所

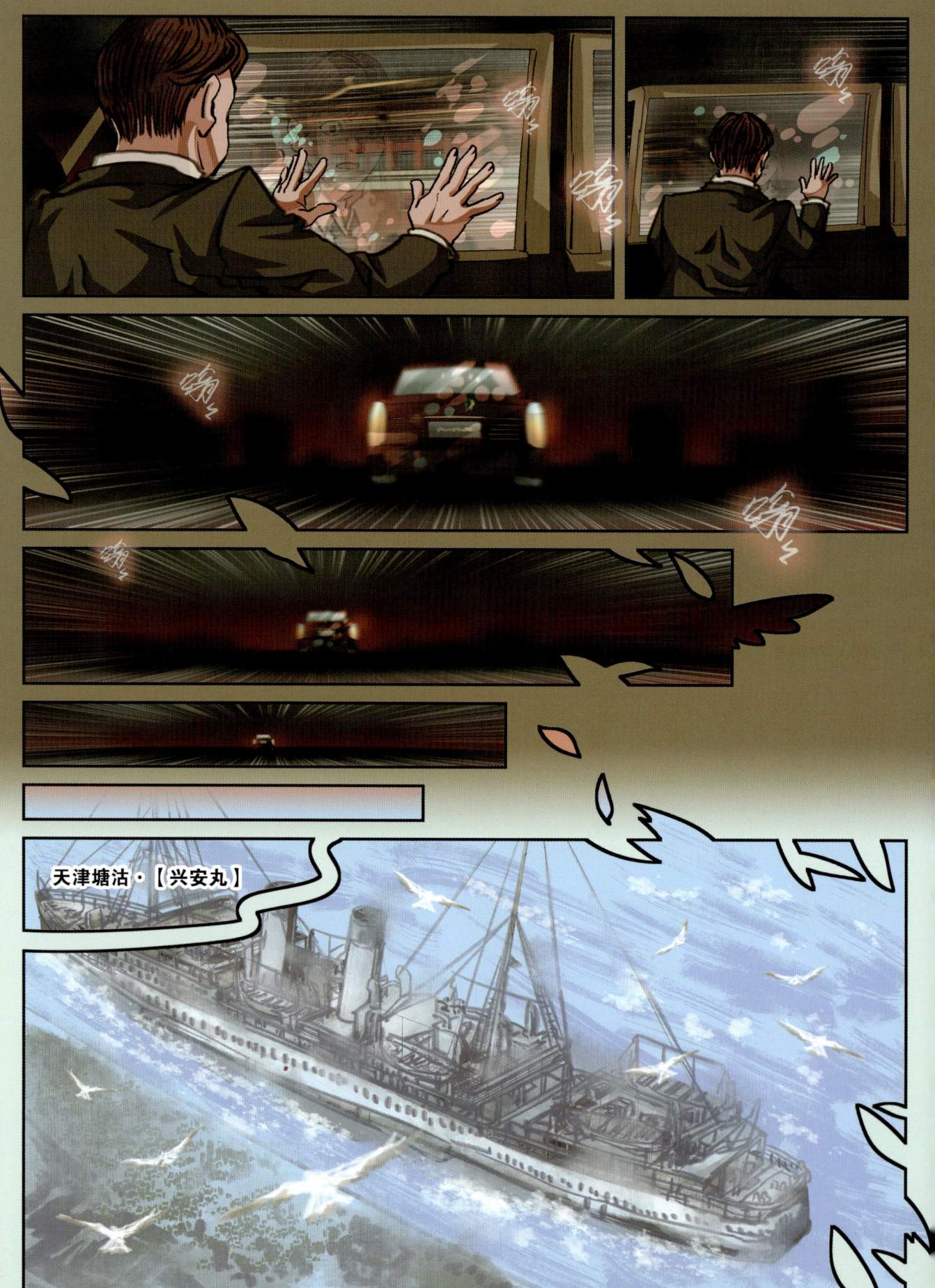

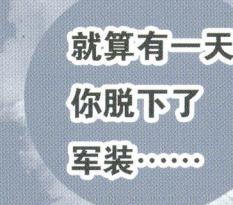

就算有一天你脱下了军装……

只要你心中还有斗志、有军魂……

不管你在什么地方、什么样的战场，

都一定会胜利！

第十五章·落定

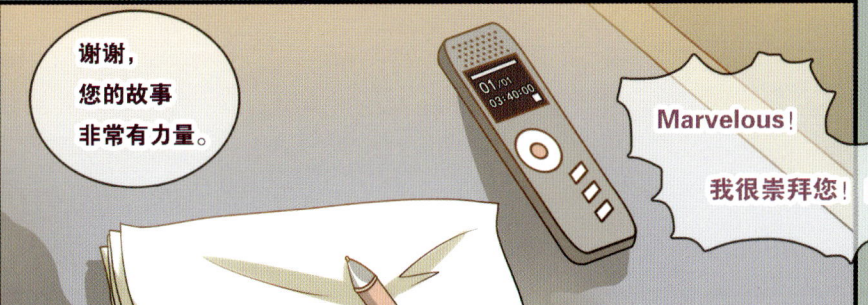

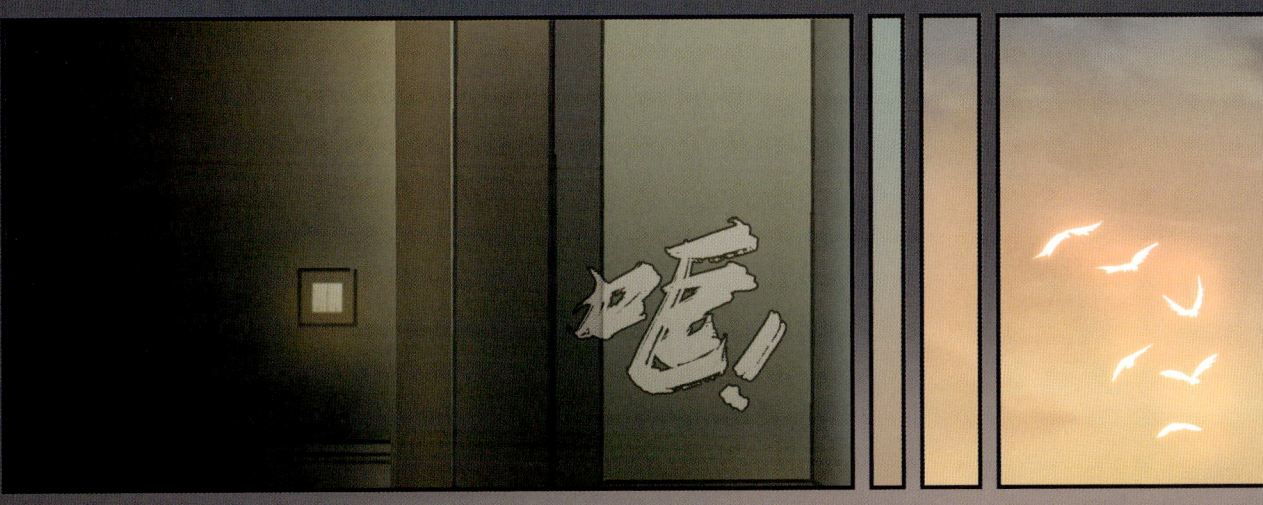

如今，借助科技，人类联系空前紧密，

却似乎在心灵上，更加孤独疏离……

无数哲学家、诗人、思想家，都讨论过【乡愁】这个命题……

但心灵的家园，真的存在吗？到底在何处？

大概，只有坚持自己梦想和信念的人……

才能不忘初心，找到自己的答案吧……

2015年9月3日·中国北京
纪念中国人民抗日战争暨世界反法西斯战争胜利70周年大阅兵

新中国给了我新生,

让我心有所系，
安身立命。

我很荣幸
自己的青春和新中国的青春一起走过。

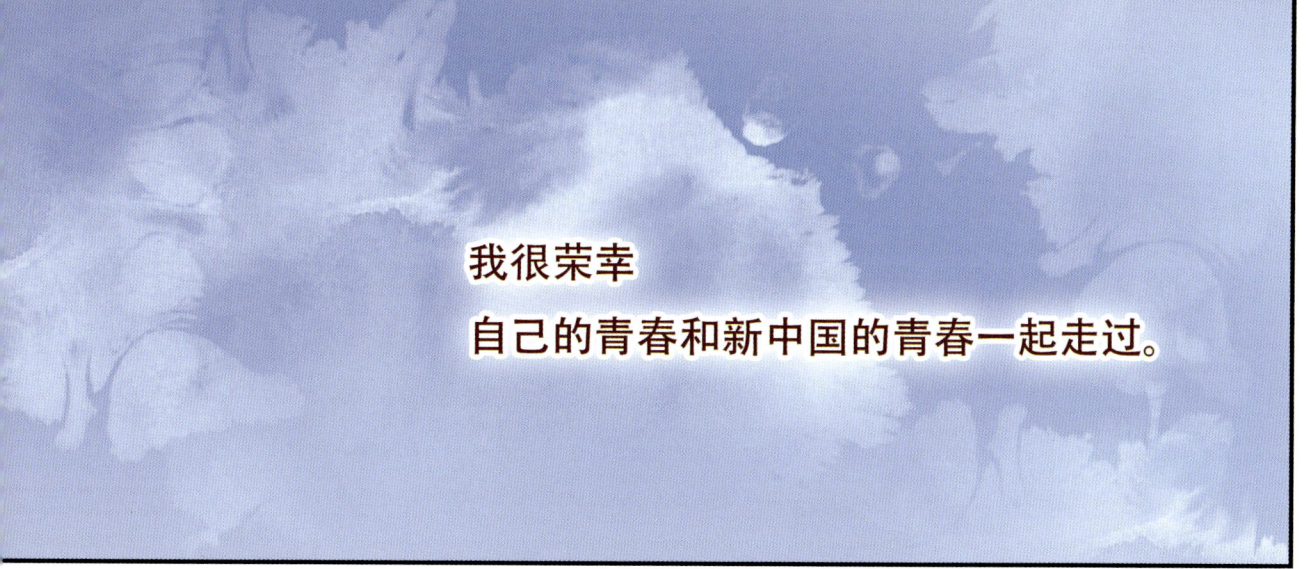

令我备感自豪
的是……

在法律意义
和血缘意义的祖国
之上……

我有一个
精神的祖国。

跨越时空的传奇与感动——漫画创作谈（代后记）

对谈：王众一（策划） 李昀（作者）

王：借着庆祝新中国成立70年的热烈气氛，咱们这部作品终于和大家见面了。此时此刻感觉如何呀？

李：原本画稿节前就已经完成，想为70年庆典增加些气氛，没想到阴差阳错改到节后出版，倒是要借庆典的气氛和读者见面了（笑）。

王：是呀，我注意到你借着这个机会把主人公70年庆典前夕在中国大使馆接受孔铉佑大使颁发纪念章的情节也加了进去。这使得这部作品的时效性得到了更好的呈现。

李：也是受您的提示我灵机一动，加了这么一笔。因为这个情节，我们这本书也出现在了书里。这样的效果真是可遇而不可求的（笑）。

王：的确，这个故事本身就充满传奇性，你补上的这神来之笔，更验证了"无巧不成书"的道理。

李：现在书稿完成了，我心里却有了几分忐忑，不知道是否充分地用漫画的形式体现了当初的策划初衷？

王：应该说故事的呈现形式颇具创新性。我是看连环画长大的一代人，总觉得漫画表现力应该更加丰富，这么一个有传奇色彩的故事如果用漫画展现出来，不论在中国还是在日本都应该有读者的。这次下决心策划做一个有情节的复杂的漫画故事，通过一个小人物的命运串联起一个大时代，说句老实话，我心里也没底。现在你的画稿出来了，我终于心中的石头落了地（笑）。

李：当初您找我谈策划思路时我就产生了共鸣。看来咱们这次合作您还是颇有眼光的（笑）。

王：真的，策划选题时首先想到请你出山。之前你的作品《最炫民族风》在《人民中国》连载时，你用漫画表现人物细节的技巧给我留下了深刻的印象。

李：这也是我漫画创作生涯中最累的一次。但不断挑战自我，学到了很多东西，回头一看，颇感充实。特别庆幸的是一边做，一边随时得到您的帮助，不断深化对人物和时代的理解，画稿几经调整，才有了今天的样子。

王：通过一个小切口，讲述了一个大故事。这需要一种"举轻若重"的本事。事实证明你是真有这个本事的。

李：您过奖了。不过为了赶新中国成立70周年这个节点，我也是真拼了。这次创作我有意探索突破常见的商业化套路，对角色的长相、气质都做了个性化塑造。特别是抠历史细节方面，我还是很吃力的。真要感谢刘德有先生指出的许多修改意见。在落实这些意见过程中您又给了我非常多的具体帮助。

王：这个故事讲了一个日本少年和中国革命既错位又融合的奇特关系。日语有一个词マイノリティー，就是在社会共同体中的少数派或另类的存在。我们这个主人公在中国农村，在解放军的队伍里，后来又跟航校日籍人员在一起的时候，他始终处于一种觉得自己跟大家很有一些不同，然后不断校正自己，同时又主张自己不同的这么一个过程。刚才你也说听到故事策划思路时很有共鸣，我一直想问你，莫非这个故事和你本人有什么共情之处？

李：的确砂原老先生的人生经历和我自己的一些人生经历有一些共鸣。比如说我的家庭构成也比较复杂，有一部分来自俄罗斯。我小时候在山东长大，后来到北京求学，就定居在北京了。大学本科读的是环境艺术设计，但因为喜欢动漫，就自己转行，把本科学的很多都扔了。觉得今天积累的东西可能明天就会产生变化，或者说要不断地接触和自己的文化和思维方式完全不同的人。因为自己身上有这种错位性，所以当我听您说起砂原老先生的故事马上就被吸引了。他原本是一个日本的军国少年，因为命运反转来到中国农村去适应这一切，后来又成为解放军战士，再后来又回到日本。这个大时代背景下个人命运的戏剧性改变的确让我产生了共鸣，产生了接手创作这个故事的冲动。

王：这就是所谓一个作品欲感动他人，首先自己要有共鸣。记得我们一起见过几次砂原先生，聊得十分投缘。和这位已经90多岁的老人沟通，你是否觉得有代差？有没有感觉到他跟今天格格不入之类感觉？

李：因为老先生给我们讲很多细节，所以越是当面交流，越让我觉得有共鸣了。没有觉得老先生的这种精神或者他的人生境遇有代差。但在一些细节的看法上或者表述方式上，我会费点功夫理解。比如说老先生提到一个历史事件，或者当时环境下的人的一些思考方式，对我来说确实有一些理解障碍。

王：对你来说的确是个挺大的挑战。记得你在处理人物对白时非常努力地想把当时的历史细节真实地还原出来，但因为与时代相隔久远，有些用词的表述，比如说对革命队伍里彼此对话的习惯表述方式，以及对当时历史背景的一些表述还是感觉得到有代差的疏离感。但是你用了你最大的诚意和努力来完成这个作品，这一点我真的很佩服你。整篇故事为了保持连贯性，你谨慎地做了一定的虚构处理，但基本线条是非常严谨地按照砂原先生口述的历史事实再还原的，这使得这部漫画故事的真实度非常高。人物关系也运用了人之常情、普遍人性进行了毫无拔高感的处理，呈现出"等身大"叙事的诚实特点。

李：我觉得我努力地做了到真实还原的承诺。真实度可确保95%吧（笑）。

王：能做到95%非常不容易了。新中国成立不久，当事人还健在时的回忆录《红旗飘飘》等也进行过必要的艺术加工。而时隔这么久，今天将一个人的口述历史用漫画的形式呈现出来，你自己都有95%保真度的自信，我觉得这是这部漫画作品的大亮点。

李：能做到这一步，还是要感谢大家的指点。包括您、包括刘德有先生等很多朋友。

王：确实许多历史细节的呈现上你是下了功夫的。比如说一些重大历史事件，你没有凭自己的想象去画，而是找了历史图片作为依据进行艺术加工。太平洋战争爆发、日本战败等都是很经典的画面，这使得漫画的历史背景交代非常具有真实感。

李：我买了很多老照片的图包及资料，还查了不少专业微博。也许还会有一些纰漏，但我拒绝想当然去虚构或采取抗日神剧那种对历史不负责任的做法。

王：我注意到，一方面在还原历史真实上下了很大功夫，但另一方面漫画的手段又用得很娴熟到位。对主人公内心世界的主观想象，很好地用诉诸视觉的漫画语言表现了出来。比如说主人公在感觉到自己落单的时候，那种苦恼，内心深处翻江倒海的那种情绪化的、意识流的东西表现得极为生动，让读者看了不由得不随着你共鸣。这一点我觉得是用连环画没法表现的。

李：这可能是漫画在表达上的优势。有些地方我甚至用了大家可能会觉得略有点冗长的表达。我希望尽可能地去展现主人公当时极端的主观情绪和意识波动，做了些大胆的尝试。因为我记得当时咱们一块采访的时候，他好几次很动感情，说话都哽咽了。至于尝试成不成功，读者自有判断，但至少我是被打动了。画稿完成后给一些中日朋友试读，大部分人的反应是，没有想到这样一个题材可以用漫画来做。

王：我看画稿也被打动了。比如他在回国的船上思考自己到底是谁时，随之扭曲变形的脑海中的记忆，还有被地主家打手毒打时意识朦胧中的主观感觉等，都具有强大的视觉冲击力，足以唤起读者共情。因为我们自己在情绪比较极端的时候，有时也会有那种幻境，所以这种主观的表达让人感觉很真实，很符合人的意识常态。还有你在作品结尾运用时空穿越的处理也很打动人心，让我联想到徐克版《林海雪原》结尾的处理。

李：对，徐克的那部电影中留学美国的少年若干年后回国，跟那些老人一块吃饭，忽然间桌上那些老人幻化成剿匪小分队年轻时候的样子，令人唏嘘。这个桥段确实给了我一些启发。徐克有历史文化的间隔，我有代际之间的间隔，我们都做了缝合时空间隔的努力。就我而言，做这个作品的时候展现历史的同时也试图突出人的情感。我在想，这些革命英烈们如果没有牺牲活到今天，那么他们会怎么看待发展了70年的新中国？我想画出这样的画面：他们以风华正茂的状态，看到新中国今天的面貌。如果有这么一个镜头，满足我的这个"私心"，情感上我会很开心。我觉得他们值得用这样一个镜头去展现。

王：砂原惠和一般的革命英雄情况还不太一样。面对人民解放战争，他先是作为一个旁观者，通过自己的经历，认同了当时的中国革命。革命的新中国正处在青春期，新中国的初心就是让中国人民过上好日子，追求公平正义。砂原惠自愿参军，跟着四野南征北战。他本是局外人，却汇入时代洪流，见证了时代巨变，他本人的价值观和身份认同都发生了根本性改变与重塑。

李：我觉得他是见证了历史并认同了革命，然后就被带入了时代的洪流。

王：但是最后一刻，部队首长说你得回日本了，他只好服从命令，卸甲回国。回到日本之后，砂原惠实际上是靠着在革命队伍中养成的精神，一个人又奋斗下去。这个时候，对于新中国他又变成了一个隔着海观望的人。随着时间的推移，这种精神乡愁越发浓厚。这样的故事以前我们很少讲述过。他既是一个亲历者，又是一个见证者。一衣带水的间隔使得他的革命初心得以原汁原味地保持下来。

李：我觉得他的那种向上的精神状态始终保持着，甚至到现在都还在持续上升。这一点十分难能可贵。

王：这正是他的故事传奇性所在。新中国成立 70 年的时候回望来时路，这个故事很有说服力，可以帮助我们还原新中国的青春时代的初心是什么。

李：通过他的故事，我们真是能找到一个原点性的东西：他亲身经历过，他在主观上的情感也很丰沛，但又有他客观的观察角度，所以这个故事有意思。

王：我这个年纪的人看了之后很感动的一点是，因为是从一个日本人的角度讲这个故事，所以不经意提供了一个观察中国革命的独特视角。当时的中国革命是为改变中国的命运、解决中国问题的革命，但同时它又是一场非常具有包容性的革命。主人公最后能够认同解放军，认同共产党领导的队伍，很重要的一点是，当时我们的革命是一种建立在公平正义基础上，超越单纯民族主义的革命，所以它体现了一种难能可贵的国际主义精神。我注意到作品有一个细节体现了他离开北京的时候透过车窗看天安门。他的主观视觉是放大了的"世界人民大团结万岁"。这符合主人公的身份。而实际上，这个口号正是新中国的初心之一。天安门两侧的标语，一个是"中华人民共和国万岁"，一个是"世界人民大团结万岁"，这体现了新中国的远大胸怀和全球视野。这与今天我们提倡的人类命运共同体有着逻辑关系。"天下为公""世界大同"这种中国文化中一脉相承的东西，不经意通过一个日本人经历的故事讲出来了。

李：其实咱们的初心一直都没有变，到现在也是这样的一个有国际主义精神的思维。

王：这种文化的力量不是刺激强化了那种身份认同的差异性，而是最后让大家都能够在这一个共同体当中找到自己的归宿。

李：我觉得砂原惠老先生他是日本人，他可能对自己身份认同有一些困惑或者说是困难，但是他最后可以从这个精神里面得到一个落脚点。他到底是日本人还是中国人，可能都不是最重要的问题，最重要的是他在这个精神里边找到了一个共鸣的点，找到了一个他可以落脚的点。他是这个精神的人，而不是他只是某一个国家的人，这个才是今天最了不起的地方。

王：你通过这次创作，认为砂原惠的故事在今天对中日两国年轻人具有的普遍的意义是什么？你和主人公共情也好共鸣也好，最后的结论是什么呢？

李：我在漫画里提到了我的认识。随着全球化的进展，人口迁徙很普遍，异地教育或留学教育也越来越方便。移动生活成为常态的今天，全球的年轻人都会有和砂原惠一样的困扰，也会有一样的困境，但是也会去寻求差不多的解决方式。砂原惠老先生的解决方式是寻找到一个精神的寄托，他有一个伟大的信念。但是我们这一代年轻人该怎么做，我觉得要说有什么意义的话，我觉得应该就是提出了这个议题。我觉得我没有办法给出一个答案，但是如果大家关注这个问题，应该会引发进一步积极的思考。我是这么期待的。∎